Bärbel Schröder
Maike im Kindergarten

Bärbel Schröder

Maike
im Kindergarten

Geschichten zum Vorlesen
und Selberlesen

Schulte & Gerth

© 1994 Verlag Klaus Gerth, Asslar
ISBN 3-89437-316-4
Best.-Nr. 15316
1. Auflage 1994
Umschlaggestaltung:
Die Zwei Graphik-Design, Wiesbaden
Illustrationen: Rosemarie Kloos-Rau
Satz: Jung Satzcentrum GmbH, Lahnau
Druck und Verarbeitung: Druckhaus Erfurt
Printed in Germany

Inhalt

Die Geburtstagsfeier

„Die Simone hat Geburtstag, tralalalala …“
Oh, heute ist Geburtstag im Kindergarten.
Das macht Spaß. Maike freut sich.
Simone hat Geburtstag. Sie wird schon sechs
Jahre alt.
Maike feiert gern mit bei Kindergeburtstagen im
Kindergarten. Aber heute ist Maike ein ganz
kleines bißchen traurig.
Sie wünscht sich nämlich schon lange etwas.
Das hat sie noch nie jemandem verraten.
Sie würde so gerne mal von einem Kindergarten-
kind zu einem Geburtstag eingeladen werden,
der bei dem Kind zu Hause gefeiert wird.
Sie hat schon manchmal zugesehen, wie andere
Kinder eingeladen wurden. Sie bekamen dann
einen kleinen Briefumschlag mit einer schönen
Karte.

Darauf stand: „Ich lade dich zu meinem
Geburtstag ein."
So eine Einladungskarte möchte Maike auch
gerne einmal bekommen.
„Aber Simone hat mich auch nicht eingeladen",
denkt sie.
Trotzdem macht es ihr Spaß, Simones
Geburtstag im Kindergarten mitzufeiern.
Frau Schulte hat sechs Kerzen angezündet.
Simone hat eine Geburtstagskrone bekommen.
Daran hängen kleine Überraschungen. Mit der
Krone sieht sie aus wie eine kleine Königin.
„Da wolln wir alle fröhlich sein, tralalalala …"
Die Kinder singen mit. Frau Schulte spielt
Gitarre. Jetzt darf sich Simone ein Spiel
aussuchen, das sie gerne spielt.
„Dann wünsch' ich mir Häschen in der Grube",
sagt sie. Alle Kinder hoppeln als Häschen durch
den Kreis.
„Das Spiel mag ich gerne", denkt Maike,
„obwohl wir es schon oft gespielt haben."
Simone wünscht sich mehrere Spiele.

Dann singen die Kinder noch: „Happy birthday
to you …"
Frau Schulte fragt: „Möchte ein Kind für Simone
zum Geburtstag beten?"
Kai sagt: „Ja, ich."
Er betet: „Lieber Gott, danke, daß die Simone
heute Geburtstag hat und daß sie schön feiert."
Frau Schulte betet auch noch: „Jesus, wir danken
dir, daß Simone bei uns im Kindergarten ist.
Danke, daß du sie lieb hast. Bitte segne sie."
Jetzt bläst Simone ihre Kerzen aus. Ob sie es mit
einmal Pusten schafft?
O ja! Die Kinder klatschen.
Plötzlich fragt Frau Schulte: „Hört ihr etwas?"
Die Kinder horchen.
„Kommt da jemand?"
Frau Schulte geht in den Flur und kommt mit
einer kleinen Handpuppe im Arm wieder.
Das ist der Geburtstagsbär.
„Hallo, Kinder, ich möchte euch besuchen.
Stimmt es, daß heute ein Kind ‚Geschnulztag'
hat?" fragt der Bär. Alle Kinder lachen.

„Geburtstag!" rufen einige Kinder.

„Ja, sag' ich doch: ‚Getulstag'.

Ach, da ist ja die Simone. Wie alt wirst du denn?"

„Sechs Jahre!" lacht Simone.

„Na, dann herzlichen Wunschglück zum ‚Geschnulztag'!" ruft der Bär und gibt Simone einen Bärenkuß.

Maike muß lachen. Es ist immer lustig, wenn Frau Schulte den Bären mitbringt. Natürlich wissen die Kinder, daß der kleine Bär nicht in echt sprechen kann.

Nun darf sich Simone noch ein kleines Spielzeug aus der Überraschungskiste aussuchen. Sie wühlt ein wenig darin herum.

„Was nehme ich denn?" fragt sie. Dann hält sie einen kleinen Flummi in die Höhe.

„Wenn ich Geburtstag hab', nehme ich auch so einen Flummi", denkt Maike.

Beim Frühstück setzt sich Maike neben Simone.

„Darf ich gleich draußen mal mit deinem Flummi spielen, Simone?"

„Na klar. Ach, ich habe ja noch was für dich,
Maike. Hier."
Simone hält einen kleinen roten Umschlag in
die Höhe. „Ich lade dich zu meinem Geburtstag
ein."
Maike schaut Simone an. Ihr wird es ganz warm
innendrin, so freut sie sich. Sie nimmt den Brief.
„Danke, da komme ich gerne!" ruft sie.
Ist das ein schöner Tag heute!

„Warum kommt Mama nicht?"

Heute singt Maike sehr laut mit beim
Abschiedslied. Es war so schön heute morgen.
Und sie hat etwas ganz Tolles für Mama
gebastelt. Da wird Mama aber staunen, wenn
Maike ihr die schöne Papierblume schenkt.
Maike hängt sich ihre Kindergartentasche um
und nimmt die Papierblume in die Hand.
Schön vorsichtig, damit sie nicht zerdrückt wird.
Sie will gerade zur Tür herausgehen, da sagt
Frau Schulte: „Warte mal, Maike, deine Mama ist
noch gar nicht da."
Noch nicht da? Mama wartet doch sonst immer
vor der Kindergartentür auf Maike. Manchmal
kommt sie auch schon herein.
Naja, vielleicht hat sie sich heute ein bißchen
verspätet. Maike lehnt sich an die Wand und
schaut nach draußen.

Jasmin wird heute von ihrem Papa abgeholt.
Und Nadines Oma steht auch schon da. Maike
sieht zu, wie die Kinder abgeholt werden. Da
kommt Kirstens Mama, Kai wird abgeholt, dann
Lukas, Simone, Sebastian und Tim.
Maike schluckt ein bißchen. „Du, Frau Schulte,
wann werde ich denn abgeholt?"
„Ich weiß nicht, Maike. Bestimmt kommt deine
Mama gleich."
Frau Schulte spricht mit Diana. Diana arbeitet in
der anderen Gruppe. Maike fühlt sich sehr
allein. Alle Kinder sind abgeholt worden,
nur Maike ist noch da. Wo bleibt Mama nur?
Maike ist wütend.
„Mama ist gemein, die kommt einfach nicht und
läßt mich hier stehen", denkt sie.
Oder – ob Mama etwas passiert ist?
Maike bekommt einen Schreck.
„Lieber Gott, bitte paß auf meine Mama auf."
Plötzlich fällt Maike noch etwas anderes ein.
„Die Mama wird mich doch nicht vergessen
haben?" Maike wird es ganz heiß innendrin.

„Lieber Gott, ich bin so allein hier, und ich weiß nicht, warum Mama nicht kommt. Bitte hilf mir."
Frau Schulte sagt: „Na komm, Maike, geh mit mir in den Gruppenraum, da kannst du noch ein bißchen spielen, bis deine Mama kommt."
Eigentlich möchte Maike nicht spielen.
Sie möchte lieber hier an der Tür warten.
Aber dann geht sie doch mit Frau Schulte.
„Möchtest du ein Bild malen, Maike? Oder willst du das Puzzle vom Tierpark machen?"
Maike schluckt. Auf einmal muß sie ein bißchen weinen. „Ich will zu meiner Mama", schluchzt sie.
Frau Schulte setzt sich neben Maike.
„Ach, Maike, die Mama kommt bestimmt gleich.
Jetzt bin ich mal gespannt, ob du das Puzzle schon allein schaffst."
Maike schluchzt noch einmal, dann nimmt sie das Puzzle.
„Hier ist ja der Kopf vom Reh, und da ist ein Stück vom Zaun. Und dieses grüne Teil gehört sicher zur Wiese und ..." Maike puzzelt weiter.
Sie mag das Puzzle vom Tierpark sehr.

Plötzlich hört sie Schritte. Ja! Da ist ja die Mama.
„Ach, Maike, du hast sicher schon gewartet. Tag,
Frau Schulte, Entschuldigung, ich war in der
Stadt und habe den Bus verpaßt. Na komm,
Maike, mach schnell, ich hab's eilig."
Maike schaut die Mama an. Sie ist so froh, daß
Mama da ist. Dann aber sagt sie: „Du, Mama, jetzt
hab' ich so lange auf dich gewartet und habe mir
Sorgen gemacht und hatte Angst und … und jetzt
habe ich das Puzzle noch nicht fertig, und du
kannst nicht mal ein bißchen auf mich warten?"
Mama guckt ganz erstaunt. „Hm", sagt sie und
setzt sich neben Maike. „Na komm, dann
machen wir das Puzzle schnell zusammen."
Maike lehnt sich an Mama. „Ich dachte schon,
du hast mich vergessen", flüstert sie.
Mama nimmt Maike in den Arm. „Aber Maike,
ich würde doch mein Kind nicht vergessen",
antwortet sie.
Maike lacht. „Mach mal Augen zu und Hände
auf!" ruft sie. Dann legt sie die Papierblume in
Mamas Hand.

Katice und Brummi

Heute kommt Maike ein wenig später in den
Kindergarten, weil sie noch mit ihrem Hund
Purzel im Garten herumgetobt hat.
„Nanu, weint da jemand?" Maike schaut in den
Gruppenraum. Neben Frau Schulte sitzt ein
kleines Mädchen. Es weint ganz laut. Frau
Schulte streicht dem Mädchen über die Haare
und sagt: „Deine Mama kommt doch wieder.
Komm, hör auf zu weinen."
Aber das Kind weint noch lauter. Es hat lange,
dunkle Haare und trägt einen bunten Rock.
Maike kommt näher.
Sie schaut das Mädchen genauer an. Ist das
nicht – ja, das ist doch … „Katice!" ruft Maike
erstaunt. Katice hebt den Kopf ein wenig.
Sie schaut Maike an.
„Kennst du Katice?" fragt Frau Schulte.

„Ja, wir haben mal auf dem Spielplatz
zusammen gespielt", antwortet Maike.
Katice sagt leise: „Aike, Bummi."
„Hallo, Katice!" freut sich Maike. „Ich habe dich
so lange nicht gesehen. Bist du jetzt auch hier
im Kindergarten?"
Katice schaut Maike fragend an. Sie gibt keine
Antwort.
„Ach ja, sie kann ja kein Deutsch. Aber sie
kennt mich noch und weiß sogar noch, daß
mein Teddy Brummi heißt."
Maike sieht noch Tränen in Katices Gesicht,
aber sie weint jetzt nicht mehr weiter.
„Warum hat sie geweint?" fragt Maike.
„Sie ist ja ganz neu hier, kennt unsere Sprache
noch nicht und fühlt sich sehr fremd im
Kindergarten."
Maike nickt. Das kann sie gut verstehen.
Sie streckt Katice ihre Hand hin.
„Willst du mit mir spielen?" fragt sie. Katice
kann Maike nicht verstehen, aber sie merkt,
was Maike möchte. Ängstlich geht sie mit ihr.

Maike nimmt Katice mit in die Bauecke.

„Wir wollen mitspielen, Kai."

„Na gut, Maike, wir bauen gerade die Eisenbahn auf. Wenn ihr wollt, könnt ihr mithelfen."

Maike stellt eine Lok auf die Schienen.

„Komm, Katice, hilf auch mit."

Aber Katice traut sich nicht. Sie versteckt sich hinter Maike.

Maike und Katice bleiben den ganzen Morgen zusammen. Katice möchte immer in Maikes Nähe sein. Vor den anderen Kindern hat sie ein bißchen Angst.

„Schade, daß Jasmin im Urlaub ist", denkt Maike. „Katice und Jasmin kennen sich ja auch vom Spielen auf dem Spielplatz."

Als Maike am nächsten Morgen in den Kindergarten kommt, hört sie schon im Flur, daß Katice wieder weint.

„Gut, daß du kommst, Maike", sagt Frau Schulte. „Katice weint wieder so. Willst du ein bißchen mit ihr spielen?"

Maike legt den Arm um Katice. „Katice, du

brauchst doch keine Angst zu haben. Komm,
wir spielen zusammen."
Und wieder hört Katice auf zu weinen und
spielt mit Maike.
Maike mag Katice sehr. Und sie möchte ihr gern
eine Freude machen.
„Jesus, du bist ja der Sohn von Gott. Und du
hast alle Kinder lieb. Ich wünsche mir, daß
Katice fröhlicher wird", betet sie. Plötzlich
kommt Maike eine Idee.
„O ja, das mache ich."
Am nächsten Tag bringt Maike Brummi mit in
den Kindergarten. Sie versteckt ihn aber zuerst
unter der Jacke. Erst als alle Kinder in einem
Kreis auf ihren Stühlen sitzen, sagt sie:
„Ich möchte mal was erzählen."
Dann holt sie Brummi unter ihrer Jacke im Flur
hervor und gibt ihn Katice. Katice staunt:
„Bummi", sagt sie und streichelt ihn.
Maike lacht. Dann erzählt sie: „Ich habe ja mal
mit Jasmin und Katice auf dem Spielplatz
gespielt. Und dann habe ich Brummi dort

vergessen. Es wurde schon dunkel. Jasmin und ich gingen los, um Brummi zu suchen. Ich war sehr traurig. ‚Vielleicht hat jemand Brummi geklaut?' dachte ich. Und da – wer kam mir auf der Straße entgegen und hielt Brummi im Arm? Das war Katice. Da war ich aber froh."

Katice lacht. Ob sie etwas verstanden hat?

Sie hält Brummi hoch. „Maike" ruft sie. „Hier Brummi."

„Sie lacht", sagt Nadine.

„Sie spricht schon etwas Deutsch", meint Kirsten. Maike freut sich. „Bis heute mittag kann Katice meinen Brummi mal ausleihen", denkt sie.

Die Krabbelpuppe

Maike wünscht sich so sehr eine Krabbelpuppe.
Das ist eine kleine Puppe, die einen Knopf auf
dem Rücken hat. Wenn man auf diesen Knopf
drückt, dann krabbelt die Puppe über den
Fußboden.
„Mama, so eine Puppe hätte ich gern", hat
Maike Mama erklärt, als sie zusammen in der
Stadt waren. Aber Mama hat nur gelächelt und
gesagt: „Da mußt du schon bis Weihnachten
warten oder bis zu deinem Geburtstag."
Und nun – nun hat Jasmin so eine
Krabbelpuppe bekommen.
Jasmin darf sie sogar in den Kindergarten
mitbringen.
„Guck mal, Maike, die Puppe habe ich gestern
von Oma und Opa bekommen."
„Oh, ist die toll", antwortet Maike. Sie denkt:

„Jasmin hat's gut. Wenn ich so eine Krabbel-
puppe hätte, dann würde ich mich auch freuen."
„Du, Jasmin, darf ich mal ein bißchen mit ihr
spielen?"
Maike und Jasmin spielen zusammen mit der
Puppe. Sie setzen sich auf den Fußboden und
lassen die Puppe hin- und herkrabbeln.
Schließlich wird es Jasmin langweilig.
„Maike, morgen können wir sie ja noch mal
krabbeln lassen. Jetzt tu ich sie in meine
Tasche."
Maike nickt.
Jasmin malt ein schönes Bild. Dann baut sie mit
Nadine und Tim eine Hütte.
Maike macht ein Puzzle. Aber dabei muß sie
immer an die Puppe denken.
„Wenn ich doch auch so eine Krabbelpuppe
hätte. Wenn ich wenigstens mal einen Tag lang
so eine Puppe hätte, das wäre schön."
Und plötzlich kommt Maike eine Idee.
„Ich könnte die Puppe doch mal für einen Tag
mitnehmen. Bestimmt merkt Jasmin das gar

nicht. Die hat doch so viele Spielsachen.
Und dann kann ich sie ihr morgen ja wieder
mitbringen. Oder ich behalte sie einfach
heimlich. Ich weiß, das ist wegnehmen …aber
ich möchte so gerne allein mit der Krabbelpuppe spielen und so tun, als ob sie mir
gehört."
Maike steht auf. Gut, Jasmin ist gerade mit Tim
in der Hütte. Maike geht in den Flur. Dort hängt
Jasmins Kindergartentasche. Maike schaut sich
um. Sie ist ganz allein im Flur. Und jetzt – ganz
schnell – nimmt sie die kleine Krabbelpuppe
aus Jasmins Tasche und steckt sie unter ihr
T-Shirt.
„Keiner darf sehen, daß ich an Jasmins Tasche
war", denkt sie. „Und nun schnell die
Krabbelpuppe in meine Kindergartentasche
gesteckt – keiner hat's gesehen."
Maike geht wieder in den Gruppenraum. Nun
hat sie die Puppe in ihrer Tasche. Aber sie kann
sich gar nicht richtig freuen, denn sie weiß,
daß es nicht richtig war, was sie getan hat.

„Aber heute, zu Hause, da werde ich Spaß haben. In meinem Kinderzimmer, da spiele ich den ganzen Tag mit der Puppe. Ich nenne sie mein Krabbelchen. Das wird schön."

Als Maike zu Hause in ihrem Kinderzimmer ist, holt sie gleich die Puppe aus der Tasche.

„So, nun können wir schön spielen", sagt sie zu ihr. Doch plötzlich fällt ihr etwas ein. Was ist, wenn Mama ins Zimmer kommt? Sie darf die Puppe ja nicht sehen.

Maike läßt die Krabbelpuppe einige Male im Zimmer hin- und herkrabbeln, aber es macht ihr nicht viel Spaß. Sie kann sich gar nicht richtig an der Puppe freuen. Was ist, wenn Mama merkt, daß Maike Jasmin die Puppe weggenommen hat?

„Ich muß die Puppe verstecken", überlegt Maike. „Aber wo?" Sie schaut sich im Zimmer um. „Ach, am besten unter dem Bett. Da sieht sie niemand. Und jetzt spiele ich nicht mehr mit ihr. Ich habe keine Lust mehr dazu."

Am Nachmittag denkt Maike gar nicht mehr viel

an die kleine Krabbelpuppe. Aber am Abend,
als sie im Bett liegt, kann sie nicht einschlafen.
„Hätte ich doch die Puppe nicht weggenommen.
Ich freue mich gar nicht darüber, daß sie in
meinem Zimmer ist. Und Jasmin ist vielleicht
jetzt sehr traurig, weil ihre Puppe weg ist.
Was soll ich nur tun? Und wenn ich sie Jasmin
zurückgebe? Nein, das traue ich mich nicht.
Und wenn ich es Mama oder Papa sage?
Aber vielleicht schimpfen sie dann mit mir.“
Doch plötzlich ruft Maike ganz laut: „Papa.“
Der Papa kommt. „Was ist denn, Maike?“
„Papa“, weint Maike. „Guck mal, hier unter
meinem Bett, da liegt was. Hol es mal hervor.“
Papa zieht die Puppe unter dem Bett hervor.
„Papa, die Krabbelpuppe, die will ich nicht
mehr sehen, weißt du, die … die Puppe, die
gehört nämlich Jasmin, und ich habe sie ihr
weggenommen, und jetzt weiß ich nicht, was
ich machen soll.“ Dann denkt sie: „So, jetzt habe
ich es dem Papa gesagt.“
Papa wird ihr bestimmt helfen.

Papa nimmt Maikes Hand. „Du, Maike, da bin ich aber froh, daß du mir das gesagt hast. Daß du die Puppe genommen hast, war nicht richtig, das weißt du ja. Am besten gehst du morgen im Kindergarten zu Jasmin und gibst sie ihr zurück und sagst Entschuldigung."

„Oh, Papa, aber davor habe ich Angst.
Dann frage ich Mama, ob sie mit mir geht."

„Das tut Mama bestimmt. Und jetzt schlaf gut, Maike."

Maike liegt noch eine Weile wach im Bett.

„Lieber Gott, bitte entschuldige du auch, daß ich die Puppe weggenommen habe. Und ich weiß nicht, ob Jasmin noch meine Freundin sein will, wenn sie das alles hört. Lieber Gott, mach doch, daß sie meine Freundin bleibt."

Dann nimmt Maike ihren Bär Brummi ganz fest in den Arm und schläft ein.

„Bist du noch meine Freundin?"

Maike wacht auf. Die Sonne scheint in ihr
Kinderzimmer. Maike freut sich.
„Wenn schönes Wetter ist, gehen wir im
Kindergarten bestimmt raus", denkt sie.
Oh, und da fällt ihr alles wieder ein: Die Sache
mit der Krabbelpuppe und mit Jasmin, und daß
sie heute mit Jasmin sprechen will.
Maike hat auf einmal gar keine Lust mehr,
in den Kindergarten zu gehen.
Sie läuft zur Mama. „Du, Mama, heute möchte
ich mal bei dir bleiben. Heute gehe ich nicht in
den Kindergarten", sagt sie.
Mama schaut Maike an. Dann legt sie einen Arm
um Maike.
„Ich gehe mit dir zu Jasmin, Maike."
Maike denkt: „Mama versteht mich aber gut.
Ich glaube, sie weiß, daß ich Angst habe."

Am liebsten möchte Maike wirklich zu Hause
bleiben. Aber dann holt sie doch die
Krabbelpuppe und steckt sie in ihre
Kindergartentasche.
Fast kommen ihr die Tränen. Was ist, wenn
Jasmin böse auf sie ist? Wenn sie nicht mehr
Maikes Freundin sein will? Oder wenn sie den
anderen Kindern die Sache mit der
Krabbelpuppe erzählt?
Maike wird es ganz heiß innendrin.
Auf dem Weg zum Kindergarten hält sie Mamas
Hand ganz fest.
„Mama, ich trau' mich nicht", flüstert sie und
bleibt ängstlich stehen.
Aber da kommt ihnen Jasmin schon entgegen.
„Hallo, Maike, du, kannst du schnell
mitkommen? Ich glaube, ich habe gestern meine
neue Krabbelpuppe im Kindergarten vergessen.
Hilfst du mir beim Suchen? Vielleicht liegt sie
noch in der Hütte."
Maike geht mit Jasmin.
„Ich könnte ja schnell die Puppe aus meiner

Kindergartentasche nehmen und sie in die Hütte legen. Dann brauche ich nicht zu sagen, daß ich sie weggenommen habe", überlegt Maike.

Aber dann denkt sie: „Nein. Jetzt sage ich Jasmin, daß ich die Krabbelpuppe genommen habe. Und ich kann das auch ohne Mama sagen." Sie holt tief Luft.

„Du, Jasmin, hör mal, ich muß dir was sagen. Die Krabbelpuppe, die habe ich dir gestern weggenommen. Ich habe sie aus deiner Tasche geholt und mitgenommen. Bitte entschuldige. Es – es tut mir leid."

So, jetzt hat sie es gesagt. Ob Jasmin böse sein wird? Ob sie nicht mehr Maikes Freundin sein will? Jasmin sagt: „Du, Maike? Du hast mir die Puppe weggenommen?"

„Ja. Bist du jetzt nicht mehr meine Freundin?" Jasmin schaut Maike an. „Wo hast du denn jetzt die Puppe?"

Maike holt sie aus ihrer Tasche. „Hier", antwortet sie. Jasmin nimmt Krabbelchen.

„Du bist ja eine", sagt sie zu Maike.

Maike schaut Jasmin ängstlich an. „Aber – na klar bin ich noch deine Freundin", sagt Jasmin. Dann nimmt sie Maikes Hand.

„Komm, wir spielen zusammen."

Maike ist so froh! „Ich komme sofort!" ruft sie. Schnell läuft sie zur Mama. „Tschüß, Mama, alles ist wieder gut."

Und leise betet sie: „Danke, Gott, daß Jasmin noch meine Freundin ist und daß alles wieder gut ist."

Wir fahren in den Zoo

Heute bekommen alle Kindergartenkinder einen
Zettel mit nach Hause.
„Das ist ein Brief für eure Eltern. In dem Brief
steht, daß wir in den Zoo fahren wollen. Fragt
mal Mama oder Papa, ob sie mitfahren können."
„Oh, in den Zoo! Das habe ich mir schon lange
gewünscht", freut sich Maike.
Als Mama sie abholt, ruft sie sofort: „Du, Mama,
wir fahren in den Zoo. Und du fährst mit."
Den ganzen Heimweg redet Maike vom Zoo.
„Mama, das wird toll. Wir sehen die Affen.
Die finde ich so süß. Und bestimmt gibt es auch
eine Giraffe dort."
Maike freut sich schon.
Doch als Mama den Brief gelesen hat, sagt sie:
„Oh, Maike, ich kann gar nicht mit in den Zoo
fahren. Gerade an dem Tag muß ich Tante

Susanne beim Umzug helfen. Das habe ich ihr
schon ganz lange versprochen."
Maike kommen fast die Tränen.
„Oh, Mama, ich wollte so gerne mitfahren."
„Und wenn du ohne mich mitfährst?"
Ohne Mama? Nur mit Frau Schulte und den
anderen Kindern? Maike denkt nach.
„Das könnte doch auch Spaß machen. Ja, Mama,
das mache ich. Meldest du mich an?"
Nun freut sich Maike wieder. In den nächsten
Tagen erzählt sie Mama und Papa immer wieder
vom Zoo.
„Das wird schön werden. Da gibt es so viele
Tiere."
Maike freut sich schon so.
Als Mama sagt: „So, Maike, morgen geht's los",
da ruft sie: „Nur noch einmal schlafen,
dann fahren wir."
Maike holt ihren Rucksack. Sie legt einen Apfel
hinein. Mama legt einen Schokoladenriegel
dazu. „Für unterwegs", sagt sie. „Morgen früh
machen wir noch ein paar Butterbrote, Maike.

Und hier ist etwas Geld. Du kannst selbst
überlegen, was du dir morgen davon kaufen
möchtest."
Maike tut das Geld in ihr Portemonnaie.
„Morgen geht's los", denkt sie. Sie ist jetzt doch
etwas aufgeregt.
Als Maike im Bett liegt, denkt sie immer an die
Fahrt in den Zoo. Aber – plötzlich freut sie sich
gar nicht mehr. Sie denkt: „Ich glaube, ich habe
jetzt doch Angst. Ich möchte nicht ohne Mama
mitfahren. Ich bleibe lieber hier."
Und auf einmal ruft sie: „Mama. Ich kann nicht
einschlafen."
„Ach, du bist nur ein bißchen aufgeregt, Maike."
„Mama, ich will nicht ohne dich in den Zoo.
Ich bleibe lieber hier."
„Aber Maike, du hast dich doch schon so gefreut.
Sicher fährst du mit. Es wird sicher toll werden."
Maike dreht sich im Bett hin und her. „Jesus, ich
habe jetzt doch Angst vor dem Zoo. Bitte mach
die Angst kleiner. Und paß auf mich auf im
Zoo." Da fällt ihr ein: „Frau Schulte ist ja auch

nett. Und die kenne ich ja auch gut. Zwar nicht so gut wie Mama, aber vielleicht wird es doch ein bißchen schön."

Als Maike am nächsten Morgen aufwacht, fällt ihr sofort ein: Heute fahre ich in den Zoo! Wie es wohl werden wird?

Mama bringt Maike zum Bahnhof. Dort stehen schon viele Kinder. Manche mit ihrer Mama oder ihrem Papa, manche sind aber auch bei Frau Schulte oder bei Diana und Gaby, die in der anderen Gruppe arbeiten.

„Hallo, Maike!" ruft Frau Schulte. „Du gehst mit mir. Simone und Kai sind auch bei uns."

Maike freut sich. „Simone und Kai kenne ich ja auch gut", denkt sie.

„Tschüß, Mama." Maike gibt Mama einen Kuß. Sie muß ein bißchen schlucken. Sie wird doch jetzt nicht weinen?

Im Zug setzt sich Maike neben Frau Schulte. Kai und Simone sitzen ihnen gegenüber.

Und plötzlich macht Maike die Fahrt Spaß.

Es wird ein wunderschöner Tag.

Die Kinder schauen viele Tiere an. Besonders
lange bleiben sie vor dem Affenkäfig stehen.
Auf einmal hat Maike eine Idee.
„Ich habe doch eben gesehen, daß man so
kleine Hefte kaufen kann, in denen sieht man
die Tiere, die hier im Zoo sind. So ein Heft
bringe ich Mama und Papa mit. Dann freuen sie
sich aber."
Maike nimmt ihr Portemonnaie.
„Ich möchte so ein Heft kaufen", sagt sie zu der
Verkäuferin. „Und dieses Eis hier."
Das Heft steckt Maike in ihren Rucksack.
Am besten gefällt Maike der Spielplatz. Die
Rutsche ist viel länger als die im Kindergarten.
Hui, und schon saust sie wieder hinunter.
Als Frau Schulte ruft: „Kai, Maike, Simone, wir
müssen gehen!" antwortet Maike: „Och, schade,
ich würde noch gerne hierbleiben."
Einmal können sie noch rutschen, dann ist der
Ausflug schon fast zu Ende.
Als Maike wieder im Zug sitzt, denkt sie:
„Das war aber ein schöner Tag."

Papa steht schon am Bahnhof. Er freut sich,
als er Maike sieht.
„Na, wie war's?" fragt er.
„Toll", antwortet Maike.
Mama und Papa freuen sich sehr über das Heft
vom Zoo.
Maike erzählt von den Tieren und vom
Spielplatz.
Sie ist jetzt ein bißchen müde. Als sie im Bett
liegt, sagt sie: „Lieber Gott, das war schön."
Dann schläft sie auch schon ein.

Dieser freche Danny

„Guck mal, Frau Schulte, was ich heute
mitgebracht habe. Das ist meine
Lieblingspuppe. Ich wollte sie so gerne mal mit
in den Kindergarten bringen“, sagt Maike.
Frau Schulte staunt. „Die sieht aber lieb aus,
deine Puppe. Da kann sie ja unseren
Kindergarten mal kennenlernen. Wie heißt sie
denn?“
„Sie heißt Carmen. Komm, Carmen, wir gehen
mal in die Puppenecke. Da kannst du dich ein
bißchen ins Puppenbett legen.“
Maike freut sich.
„Hoffentlich kommt gleich Jasmin. Dann können
wir zusammen spielen. Komm, Carmen,
ich zeige dir schon mal deine Puppenwohnung.“
Maike trägt ihre Puppe in die Puppenecke.
Da kommt auch schon Jasmin.

„Guck mal, Jasmin, was ich mithabe:
Meine Puppe. Sie heißt Carmen."
Jasmin staunt. „Die sieht aber schön aus.
Darf ich auch mal mit ihr spielen?"
Maike nickt. „Na klar. Was sollen wir denn
spielen? Friseur?"
„O ja, das macht Spaß."
Maike und Jasmin stellen einen kleinen Stuhl
mitten in den Raum. Das ist der Friseurstuhl.
Vor den Stuhl kommt ein kleiner Tisch mit der
Puppenbadewanne. „Das wäre das
Waschbecken. Wir tun so, als ob Wasser
drinwäre."
So, nun kann's losgehen. Maike nimmt ihre
Puppe an den Armen und sagt zu ihr: „Carmen,
wir gehen jetzt zum Friseur. Der wäscht dir die
Haare und schneidet sie dir. Dann siehst du
ganz toll aus. Aber nicht weinen, beim Friseur
tut's nicht weh."
Jasmin wartet schon. „Guten Tag, Frau Sommer",
sagt sie zu Maike. „Soll ich Ihrem Kind die
Haare waschen und schneiden?"

„Ja. Zuerst waschen, und dann können Sie sie rundherum abschneiden."

Maike und Jasmin setzen Carmen auf den Stuhl. Maike hält sie fest. Jasmin nimmt eine leere Shampooflasche aus dem Kaufladen und tut so, als ob sie Carmen die Haare wäscht.

Dann nimmt sie Carmens Haare zwischen ihre Finger und sagt: „Schnipp, schnapp, schnipp, schnapp. Ich schneide dir die Haare ab."

Maike schaut zu. Es macht Spaß, Friseur zu spielen.

Da kommt Danny in die Puppenecke.

„Na, was spielt ihr denn?" fragt er.

„Friseur", antwortet Maike. „Aber du kannst nicht mitspielen."

Maike mag den Danny nämlich nicht so gerne. Er ist immer so frech und macht anderen Kindern was kaputt.

„Aber zugucken kann ich ja", sagt Danny. „Die Puppenecke gehört ja nicht euch allein. Ich muß nur mal eben was holen."

Maike und Jasmin schauen sich an.

„Das ist doof, daß wir nicht allein hier spielen können."

Da kommt Danny auch schon zurück.

Maike und Jasmin spielen weiter. Carmen wird jetzt ganz schön gekämmt.

Plötzlich steht Danny auf. „Soll ich euch mal zeigen, wie man in echt Friseur spielen kann?" fragt er.

Und plötzlich zieht er eine Kinderschere aus der Tasche und schneidet ganz schnell in Carmens Haare. O nein, er schneidet ein Büschel von Carmens schönen langen Haaren ab!

„Was machst du denn, Danny? Oh, der Danny hat meiner Puppe ganz viele Haare abgeschnitten."

Maike schaut sehr erschrocken auf ihre Carmen.

„Ist der böse, der Danny!" denkt sie.

„Danny, du bist gemein, hau sofort ab hier. Das sage ich meiner Mama." Maike beginnt zu weinen.

Einige andere Kinder hören Maike schimpfen.

Sie gucken: „Was ist denn in der Puppenecke los?"

Maike zeigt ihnen Carmen. „Guckt mal, das hat
Danny gemacht. Meine Puppe hat ein richtiges
Loch in den Haaren."
Die Kinder schauen Danny böse an.
„Mit dir spiele ich nicht mehr!" ruft Sebastian.
„Und ich lade dich nicht zu meinem Geburtstag
ein", sagt Jasmin.
Danny läuft aus der Puppenecke.
Jasmin tröstet Maike.
„Warte mal, Maike, vielleicht können wir die
Haare von Carmen so kämmen, daß man das
Loch gar nicht mehr so doll sieht."
Maike freut sich, daß Jasmin sie so gerne hat.
„Du bist meine beste Freundin", sagt sie.

„Danny, warum weinst du?"

Maike ist so wütend auf Danny.
„Mit dem spiele ich nie mehr", denkt sie.
„Der ist so böse. Am besten wäre es, wenn der
Danny gar nicht in meiner Kindergartengruppe
wäre."
Maike ist aber nicht nur wütend, sie ist auch
traurig.
„Warum war der Danny so böse zu mir? Ob er
mich nicht mag?"
Maike möchte ein bißchen nachdenken.
„Komm, Carmen, wir gehen in die Kuschelecke."
In der Kuschelecke liegen Matratzen. Auf denen
kann man es sich so richtig gemütlich machen.
Maike setzt sich mit Carmen dorthin.
„Hat der freche Danny dir die Haare
abgeschnitten", sagt sie zu ihrer Puppe.
Und da wird sie wieder so richtig wütend.

„Der ist ja so böse, der Danny. Den werde ich auch ärgern. Und dem Sebastian sage ich, er soll den Danny mal richtig hauen. Und dann lache ich. Lieber Gott, findest du nicht auch, daß der Danny sehr frech ist?"

Plötzlich fällt Maike etwas ein. „Ja, stimmt, ich mach' ja auch manches, was falsch ist – aber nicht so was wie der Danny, sowas hab' ich noch nie gemacht. Naja, aber andere Sachen schon – und dann sage ich zu Gott: Bitte entschuldige das Böse, und dann verzeiht Gott mir das auch. Lieber Gott, hast du denn auch den Danny lieb?"

Plötzlich hört Maike ein Geräusch. Vorsichtig dreht sie sich um. Ist denn noch jemand in der Kuschelecke?

Das hört sich ja fast an, als ob ein Kind weint. O Schreck, das ist ja der Danny.

„Ja, der kann ruhig traurig sein", denkt Maike. „Er hat mich ja so geärgert."

Aber dann fragt sie doch: „Was ist, Danny? Warum weinst du so?" Danny schluchzt weiter.

„Was hast du denn?"
Danny schaut Maike an. Dann sieht er auf
Maikes Puppe.
„Keiner – keiner ist mein Freund. Keiner will mit
mir spielen."
Und dabei schaut er so traurig, daß er Maike
fast leid tut.
„Warum bist du denn auch immer so frech?
Deshalb wollen wir nicht mit dir spielen."
Danny gibt keine Antwort. Er weint.
Und plötzlich weiß Maike, daß Gott den Danny
ganz doll lieb hat, egal was er getan hat.
Sie überlegt: „Ob Danny netter sein würde,
wenn wir ihn mitspielen lassen?"

„Aber der nicht"

Maike muß immer wieder an Danny denken.
Manchmal ist sie ganz wütend auf ihn.
„Der freche Danny", denkt sie dann. Aber dann
sieht sie wieder sein Gesicht vor sich, wie er
geweint hat.
Und plötzlich weiß sie, was sie tun wird.
„Ich lasse den Danny mal mitspielen. Er soll nicht
so traurig sein, daß er keine Freunde hat. Ach ja,
ich wollte ja Tim und Lukas helfen, den hohen
Turm zu bauen. Da kann Danny ja mitspielen."
Maike geht zu Danny. Das ist nicht so einfach,
denn eigentlich ist sie immer noch ein bißchen
wütend auf ihn.
„Danny, willst du uns in der Bauecke helfen,
einen ganz hohen Turm zu bauen?"
Danny schaut Maike erstaunt an. Dann nickt er.
„Na, dann komm."

Lukas und Tim haben schon angefangen.

„Wir helfen euch!" ruft Maike. Tim zeigt mit dem Finger auf Danny.

„Aber der nicht", sagt er.

Maike schaut Danny an. Danny guckt auf den Fußboden.

„Ich wollte, daß Danny mitspielt", sagt Maike.

„Komm, Danny, dann spielen wir woanders."

„Du kannst ja mitspielen, Maike!" ruft Tim.

„Nein, ich möchte dann auch nicht", meint Maike.

„Wollen wir puzzeln, Danny?"

Danny sagt: „Können wir ja."

Plötzlich steht Lukas neben ihnen. „Wenn ihr wollt, könnt ihr doch beide mitspielen", meint er.

„Na gut", lacht Maike. Danny lächelt auch.

Die vier Kinder bauen einen Turm, der größer ist als sie selbst. Danny stellt sich auf einen Kinderstuhl. Die anderen reichen ihm die bunten Klötze an. Danny gibt sich viel Mühe, sie richtig aufeinanderzulegen.

„Gut, Danny!" ruft Lukas einmal.

Danny lacht.

Die weißen Schuhe

Maike hat neue Schuhe. Das sind ganz besondere Schuhe, genau solche, wie Maike sie sich schon lange gewünscht hat. Sie sind weiß mit einem kleinen Riemchen und einer Schnalle daran.

Und heute hat Maike sie zum ersten Mal im Kindergarten an.

„Oh, Maike, hast du neue Schuhe?" fragt Susi. Maike nickt. „Die sehen aber schön aus." Maike freut sich.

Sie schaut noch einmal auf die Schuhe.

Plötzlich denkt sie: „Oder hätte ich doch lieber eine andere Farbe nehmen sollen? Rosa ist vielleicht doch schöner."

Und plötzlich kommt Maike eine Idee. „O ja, ich male die Schuhe einfach an. Wofür haben wir denn Pinsel und Wasserfarben im Kindergarten?

Hm, Mama wird sich wundern, wenn die Schuhe plötzlich rosa sind! Aber es sind ja meine Schuhe. Und mir gefallen sie in Rosa besser."

Maike geht zum Farbenschrank. Hm, rote Wasserfarbe ist da, aber keine rosa Farbe.

„Ach, ich weiß, ich nehme einfach Rot und Weiß. Wenn ich die beiden Farben mische, habe ich Rosa."

„Maike, willst du malen?" fragt Simone.

Maike flüstert: „Pst, nicht so laut. Frau Schulte soll es nicht wissen."

Schnell nimmt sie die Wasserfarben und einen dicken Pinsel mit in den Waschraum. Sie stellt die Schuhe vor das Waschbecken. Ja, so wird es gehen. Maike nimmt den Pinsel und malt die Farbe dick auf die Schuhe. Es klappt.

Die Schuhe werden wirklich rosa. Maike hat die Farben gut gemischt. So, nun hier noch ein Klecks Rosa, und schon ist sie fertig.

„Oh, sehen die jetzt schön aus!" freut sich Maike. Sie stellt die Schuhe zum Trocknen unter die Heizung.

Als die Kinder sich Jacken und Schuhe
anziehen, um auf den Spielplatz zu gehen, holt
Maike ihre Schuhe. Gut, die Farbe ist trocken.
„Oh, Maike, solche rosa Schuhe hätte ich auch
gerne!" ruft Nadine.
Maike lacht. „Gut, daß ich sie angemalt habe",
denkt sie. „Jetzt sind sie noch schöner als
vorher."
Maike läuft mit den Kindern hinaus in den
Garten. Das Gras ist noch ein bißchen naß,
aber das macht ja nichts. Sie spielen Pferdchen.
Die Hütte ist ihr Pferdestall. Maike läuft schnell
dorthin. Plötzlich ruft Simone: „Oh, Maike, wie
siehst du denn aus? Deine Schuhe haben ja
lauter Flecken."
Maike schaut auf ihre Schuhe. Oh nein! Das
nasse Gras hat die Wasserfarbe an manchen
Stellen ganz abgewaschen. Und jetzt sehen die
Schuhe gar nicht mehr schön aus. Sie haben
Flecken. Es sind große, häßliche Flecken.
Simone ruft: „Maike hat ihre Schuhe mit
Wasserfarbe angemalt."

Die Kinder lachen.

„Das sieht ja komisch aus!" ruft Sebastian.

„Warum hast du das denn gemacht, jetzt hast du ja Fleckenschuhe", meint Kirsten.

Ein Kind lacht. „Fleckenschuhe!" ruft es.

Maike möchte am liebsten schnell weg von den Kindern. Es ist nicht schön, ausgelacht zu werden. Sie läuft in den Waschraum. Was soll sie jetzt nur tun? Andere Schuhe hat sie nicht dabei. Da kommt Danny. Ob er sie auch auslachen wird?

„Komm, Maike, ich helfe dir", sagt er. Dann nimmt er sein Handtuch vom Haken, macht es naß und wischt damit über Maikes Schuhe.

Und wirklich – die rosa Farbe geht ab. Nur ein paar hellrosa Flecken bleiben.

„Danke, Danny", sagt Maike fröhlich. „Da hast du mir aber gut geholfen."

„Na klar", antwortet Danny. „Und wenn Frau Schulte was sagt wegen der Flecken auf dem Handtuch – das macht mir nichts aus."

Danny blinzelt Maike zu. Maike lächelt.

Maikes Kindergartengruppe

Maike sitzt am Basteltisch. Sie möchte ein Bild
malen.
„Was male ich denn?" überlegt sie. Meistens malt
sie einen Himmel und eine Wiese, ein Haus und
Blumen.
„Das habe ich schon so oft gemalt", denkt Maike.
Da fällt ihr Blick auf ein großes Bild, das direkt
über dem Basteltisch hängt.
Dieses Bild gefällt Maike. Aus der Kinderbibel
kennt sie auch die Geschichte, die zu dem Bild
gehört.
An einem Tag brachten die Leute auch Kinder
zu Jesus. Sie wollten gerne, daß Jesus die
Kinder segnete, ihnen also Gutes tat.
Aber da waren auch Freunde von Jesus, und die
meckerten mit den Kindern. Die wollten wohl
nicht, daß die Kinder zu Jesus gebracht wurden.

Das sah Jesus. Er rief seinen Freunden zu:
„Laßt die Kinder zu mir kommen und schickt sie
nicht weg."
Kinder gehören zu Jesus. Jesus hat Kinder lieb.
Maike schaut das Bild noch einmal ganz genau
an.
Dann überlegt sie. „Die Kinder, die auf dem Bild
sind, die kenne ich gar nicht. Ich könnte doch
ein Bild malen von Jesus und den Kindern von
unserer Kindergartengruppe. Jesus hat ja alle
Kinder lieb. O ja, das mache ich."
Maike holt sich ein großes Blatt Papier. Zuerst
malt sie ein Bild von Jesus darauf. Dann malt sie
sich selbst ganz dicht daneben. Dabei sagt sie
leise: „Jesus, ich will deine Freundin sein. Ich
weiß schon, daß ich dafür kein Bild von uns
malen muß. Aber es macht mir Spaß. Und ich
habe dich lieb."
Dann schaut sie sich im Gruppenraum um. Sie
malt zuerst Jasmin auf ihr Blatt, dann Katice und
Simone.
„Sebastian möchte ich auch aufmalen. Das geht

schwer, weil er eine Brille hat." Aber Maike
schafft es schon.
Nun noch Tim, Nadine und Danny. Wer fehlt
noch?
Ach ja: Lukas und Kirsten. Maike malt alle Kinder
auf ihr Blatt, die zu ihrer Gruppe gehören.
Das ist viel Arbeit.
Aber es macht auch Spaß.
Als das Bild fertig ist, schaut Maike es noch
einmal an.
„Bin ich froh, daß ich im Kindergarten bin und
so viele Kinder kenne!" denkt sie.

Liebe Kinder,

bestimmt haben euch die Erlebnisse von Maike im Kindergarten gut gefallen. Vielleicht geht ihr ja selbst auch in den Kindergarten und könnt viel davon erzählen.
Erinnert Ihr euch noch an Katice? Maike hat sie auf dem Spielplatz kennengelernt.
Diese Geschichte und viele andere stehen in zwei weiteren Büchern von Maike.

Bärbel Schröder:
Maike, ich hab dich gern
Gebunden, 62 Seiten
Nr. 15 230

Bärbel Schröder:
Maike bekommt ein Brüderchen
Gebunden, 62 Seiten
Nr. 15 231